조디 젠슨 셰퍼 지음 | 다양한 상을 받은 시인이자 그림책, 어린이 논픽션 등을 70권 이상 쓴 작가이다. 어린이를 위한 시와 소설을 잡지에 게재하기도 했다. 쉴 때는 가족과 시간을 보내거나 반려견 소피와 산책한다.

송지혜 옮김 | 부산대학교에서 분자생물학을 전공하고, 고려대학교에서 과학언론학으로 석사 학위를 받았다. 현재 어린이를 위한 과학책을 쓰고 옮기고 있다.

이 책은 미시간주 밀라노지역학교 교장인 킴벌리 길로우가
감수하였습니다.

내셔널지오그래픽 키즈 사이언스 리더스
LEVEL 1 도시와 시골, 뭐가 다르지?

1판 1쇄 찍음 2025년 8월 20일 1판 1쇄 펴냄 2025년 9월 15일
지은이 조디 젠슨 셰퍼 옮긴이 송지혜 펴낸이 박상희 편집장 전지선 편집 최유진 디자인 김연화
펴낸곳 (주)비룡소 출판등록 1994.3.17.(제16-849호) 주소 06027 서울시 강남구 도산대로1길 62 강남출판문화센터 4층
전화 02)515-2000 팩스 02)515-2007 홈페이지 www.bir.co.kr 제품명 어린이용 반양장 도서 제조자명 (주)비룡소
제조국명 대한민국 사용연령 3세 이상 ISBN 978-89-491-6942-2 74400 / ISBN 978-89-491-6900-2 74400 (세트)

NATIONAL GEOGRAPHIC KIDS READERS LEVEL 1 Co-reader
CITY AND COUNTRY by Jody Jensen Shaffer
Copyright © 2017 National Geographic Partners, LLC.
Korean Edition Copyright © 2025 National Geographic Partners, LLC.
All rights reserved.
NATIONAL GEOGRAPHIC and Yellow Border Design are trademarks of the National
Geographic Society, used under license.
이 책의 한국어판 저작권은 National Geographic Partners, LLC.에 있으며, (주)비룡소에서 번역하여 출간하였습니다.
저작권법에 의해 한국 내에서 보호를 받는 저작물이므로 무단 전재와 무단 복제를 금합니다.

사진 저작권 GI = Getty Images, SS = Shutterstock, PX = Pexels, PB = Pixabay
Cover: (UP), Maria Sbytova/SS; (LO), Dennis Frates/Alamy Stock Photo; top border (throughout), KID_A/SS; 1, Atw Photography/GI; 2, Johner Images/GI; 3, Sportactive/GI; 4-5, Zelon/GI; 5 (LE), Yoshio Tomii/GI; 5 (RT), Thierry Tronnel/Corbis via GI; 6-7, sharply_done/GI; 6 (INSET), Esther Te Winkel/EyeEm/GI; 7 (INSET), Menno Boermans/GI; 8 (LE), R-J-Seymour/ GI; 8-9 (RT), urbancow/GI; 9 (UP), Katrina Wittkamp/GI; 9 (LO), Nextvoyage/PX; 10, TommL/GI; 11, infinitahighway.com.br/GI; 12-13, Johner Images/GI; 14, Sharath G./PX; 15 (UP), Devasahayam Chandra Dhas/GI; 15 (LO), WOLFAVNI/GI; 16, Gorkem Gumustekin/PX; 17, slobo/GI; 18, Joaquin Carfagna/PX; 19, ampol sonthong/SS; 20 (LE), Famveldman/Dreamstime; 20-21 (RT), Sharath G./PX; 21 (UP), Gorkem Gumustekin/PX; 21 (LO), Joaquin Carfagna/PX; 22-23, JJChoi/PB; 23 (INSET), Jon Hicks/GI; 24-25, Alessandra Montigné/PX; 24 (INSET), Gary K Smith/Minden Pictures; 26 (UP), Steffen Thalemann/GI; 26 (LO), Suzanne Tucker/SS; 27, Hero Images/GI; 28, Medioimages/Photodisc/GI; 29, ooyoo/GI; 30 (UP), Nathan Hutchinson/GI; 30 (LO), Anna Bryukhanova/GI; 31, Balazs Simon/PX; 32-33, juliedeshaies/GI; 33 (INSET), Andersen Ross/GI; 34, monkeybusinessimages/GI; 35 (UP), Cultura Exclusive/SuHP/GI; 35 (LO), Loop Images/Nigel Kirby/GI; 36 (UP), Alex Robinson/ GI; 36 (LO), Echo/GI; 37 (UP), Topic Images Inc./GI; 37 (LO), msubhadeep/GI; 38, Oleksiy Maksymenko/GI; 39, Oatey/Blue Jean Images/GI; 40 (UP), viarami/PB; 40 (LO), Peter Stuckings/GI; 41, KeeTron/GI; 42, Klaus Vedfelt/GI; 43, Peter Cade/GI; 44-45, marco wong/GI; 46, Yellow Dog Productions/GI; 47 (UP), KidStock/GI; 47 (LO), Tyler Stableford/GI; 48 (UP LE), Katrina Wittkamp/GI; 48 (UP RT), Gorkem Gumustekin/PX; 48 (LO LE), Medioimages/Photodisc/GI; 48 (LO RT), Peter Stuckings/GI

이 책의 차례

1장: 사람들은 어디에 살까?　　　　　4

생각이 쑥쑥! 도시와 시골 탐구　　　8

2장: 도시의 집, 시골의 집　　　　　10

생각이 쑥쑥! 도시와 시골 탐구　　　20

3장: 도시와 시골의 풍경과 소리　　22

생각이 쑥쑥! 도시와 시골 탐구　　　34

4장: 도시의 생활, 시골의 생활　　　36

생각이 쑥쑥! 도시와 시골 탐구　　　46

이 용어는 꼭 기억해!　　　　　　　48

1장
사람들은 어디에 살까?

이야! 저길 좀 봐! 건물이 하늘 높이 솟아 있고 자동차는 잔뜩 줄지어 있어. 거리에 사람들도 아주 많아. 이런 곳을 **도시**라고 해.

도시에는 많은 사람들이 모여 살고, 일을 하며 지내. 도시마다 모습도 다 다르지.

반면 **시골**은 도시와 멀리 떨어져 있고, 사람도 도시만큼 많지 않아. 높은 건물보다는 탁 트인 땅이 펼쳐져 있지. 시골에는 작은 마을인 **촌락**이 있기도 해.

도시와 시골 용어 풀이

촌락: 주로 시골에서 농사를 짓거나 가축을 기르는 사람들이 모여 사는 곳.

| Q 산과 들이 짝지어 모이면? | 규름규름 A |

시골의 모습도 다 달라. 논밭이나 농장이 있기도 하고, 높은 산이 우뚝 서 있기도 해.

생각이 쑥쑥! 도시와 시골 탐구

사진 속 장소를 찬찬히 살펴볼까? 어디가 도시이고, 어디가 시골인지 알아맞혀 봐. 왜 그렇게 생각했는지도 이야기해 보자!

정답: Ⓐ 사진/ 버스 트럭 운이 많이져 있어서, Ⓑ 도시/ 사람이 많아서, Ⓒ 시골/ 농원이 있어서, Ⓓ 도시/ 건물이 하늘 높이 솟아 있어서

2장
도시의 집, 시골의 집

사람들이 아주 많이 모여 사는 도시를 **대도시**라고 해. 다른 나라에서 여행을 온 사람들도 많아. 그래서 대도시는 언제나 북적이고 바쁘지.

대도시에 여행을 온 사람들은 화려한 거리를 걸으며 이것저것을 구경하고, 선물을 사기도 해.

건물들이 옹기종기 모여 있는 만큼 많은 사람들이 함께 살 수 있어.

대도시에 사는 사람들의 집은 보통 다닥다닥 붙어 있어. 공원이나 놀이터, 주차장 등 다른 사람들과 함께 쓰는 바깥 공간도 많아.

시골은 도시보다 사람이 적고, 들판이나 마당처럼 넓은 공간이 많아. 그래서 아이들이 마음껏 뛰어놀 수 있지.

도시와 시골 용어 풀이

이웃: 가까이 있는 집 혹은 그 집에 사는 사람.

시골의 집들은 서로 멀리 떨어져 있고, **이웃**도 도시보다 훨씬 적어.

도시 사람들은 어떤 집에 살까? 우리나라 도시에는 **아파트**가 많아. 아파트는 층마다 여러 가족이 각각 사는 건물이야. 높은 곳을 오르내릴 때는 **엘리베이터**를 타면 돼!

도시와 시골 용어 풀이

아파트: 여러 가족이 각자 살 수 있게 지은 5층 이상의 건물.

엘리베이터: 건물에서 층을 오갈 때 타는 장치.

| Q 맛있는 걸 많이 먹으면 가질 수 있는 집은? | A 포류 |

높은 산에서 농사를 짓고 사는 사람들이 지은 이층집이야.

시골의 집은 모습이 다양해. 한 집에 한 가족만 사는 단독 주택, 오두막, 지붕을 기와로 덮은 기와집 등이 있어. 초원이나 산속에 지어 자연과 어우러진 집들도 있지.

이 집은 돌로 몸통을 쌓고 지붕에 지푸라기를 얹었어.

연립 주택의 건물들은 대개 서로 비슷하게 생겼어.

아파트 다음으로 도시 사람들이 많이 사는 집은 **연립 주택**이야. 연립 주택은 아파트보다 층이 낮고, 보통 건물들이 여러 채 모여 있어. 건물들이 하나의 마당을 가운데에 두고 둘러싸거나 도로를 따라 한 줄로 줄지어 있는 등 모습이 다양해.

시골의 집은 대부분 **낮은 층**이 많아. 대신 집을 옆으로 넓게 지을 수 있어. 집 둘레에 마당이나 **텃밭**이 있기도 해.

도시와 시골 용어 풀이

연립 주택: 여러 가족이 각자 살 수 있게 지은 집 가운데 아파트보다 층이 낮은 건물.

텃밭: 집 가까이에 있어 채소 등을 키울 수 있는 작은 밭.

도시에 사는 사람들은 집에 넓은 마당이나 텃밭이 없어서 식물을 키우기 어려워. 그래서 **발코니**에 작은 화분을 두고 꽃이나 채소를 기르기도 해.

도시와 시골 용어 풀이

발코니: 아파트 등의 건물에 붙어 있어서 쉬거나 밖을 볼 수 있는 공간.

시골에 살면 집 앞에 넓고 멋진 마당을 가꿀 수 있어. 좋아하는 꽃을 심고, 먹음직스러운 채소를 마음껏 기를 수 있지.

생각이 쑥쑥! 도시와 시골 탐구

도시와 시골에 있는 집들의 모습이야. '보기'의 단어를 보고 알맞은 사진을 골라 봐.

A

보기

연립 주택

마당

아파트

발코니

정답: (A) 아파트, (B) 이파트, (C) 연립 주택, (D) 옥탑 리

3장
도시와 시골의 풍경과 소리

도시에는 볼거리가 아주 많아. 높은 건물들이 빼곡히 들어서 있고, 거리마다 화려한 불빛이 반짝거리지.

사람들이 많이 사는 도시에는 역이 많고, 그 사이를 오가는 지하철도 많아.

도로에는 차들이 빽빽이 들어차 있어.
사람들은 직접 차를 운전하거나 기차, 버스,
지하철을 이용하기도 해.

시골에는 들판과 논밭이 넓게 펼쳐져 있어. 저 멀리에는 산이 우뚝 솟아 있지. 소와 양, 염소 들이 한가롭게 풀을 뜯어 먹는 모습도 볼 수 있어.

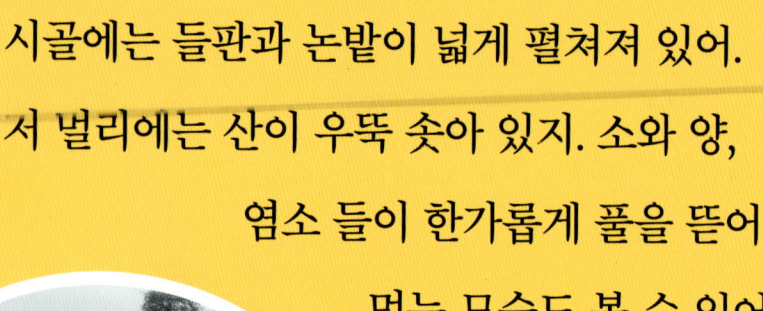

시골에는 시원한 물이 흐르는 계곡이나 맑은 호수도 있어. 사람들은 물속에서 발을 담그거나 수영하며 더위를 식히기도 해.

도시의 소리에 귀를 기울여 볼까? 가게에서 흘러나오는 노랫소리, 놀이터에서 뛰노는 아이들의 발소리, 거리에서 웃고 떠드는 친구들의 목소리가 들려!

빵빵 울리는 자동차 **경적**과 물건이 싸다고 외치는 가게 주인의 우렁찬 목소리도 들리지.

도시와 시골 용어 풀이

경적: 위험을 알리거나 다른 사람의 주의를 끌기 위해 탈것에서 내는 소리.

시골에서 들리는 소리도 다양해. 소가 음매 하며 울고, 기차는 큰 **기적**을 울리며 빠르게 지나가. **트랙터**가 덜컹덜컹 들판을 지나고, 벌레들은 밤낮으로 울지.

도시와 시골 용어 풀이

기적: 기차, 배 등이 다가오는 걸 알리는 큰 소리.

트랙터: 밭을 갈거나 농사일을 할 때 쓰는 커다란 특수 자동차.

개울물이 흐르면서 힘찬 소리를 내기도 해. 개구리가 개굴개굴 울고, 물고기는 첨벙첨벙 헤엄쳐.

쿵쿵, 이게 무슨 냄새지? 도시에는 맛있고 다양한 길거리 음식 냄새가 가득해! 길모퉁이 빵집에서는 갓 구운 고소한 빵 냄새가 퍼져. 지나가는 사람들은 발걸음을 멈추기도 해.

Q 빵집에서 웃으면 안 되는 이유는?
A 빵 터져서!

도시에 있는 유명한 시장에는 그 나라를 여행 온 사람들이 많이 찾아와. 시장은 먹을거리도 볼거리도 많지.

도시에서 열리는 큰 시장에서는 또 다른 냄새들이 반겨 줘. 시원하고 달콤한 과일주스, 따뜻한 탕 요리, 짭짤한 해산물 냄새까지 코끝을 간질이는 맛있는 냄새가 시장 안을 가득 채우지.

도시보다 덜 **오염**된 시골의 공기는 한결 상쾌해. 향긋한 풀 냄새, 신선한 흙냄새를 맡을 수 있지.

도시와 시골 용어 풀이

오염: 물, 땅, 공기 등이 더러워지는 일.

시골에서 고소한 냄새도 맡을 수 있어. 바로 햇볕에 노랗게 잘 익은 옥수수 냄새야! 탐스럽게 자란 토마토나 딸기의 달콤한 냄새도 멀리까지 퍼지지.

생각이 쑥쑥! 도시와 시골 탐구

도시와 시골의 사진을 보고 상상해 봐. 무엇이 보이고, 어떤 소리가 들리며, 무슨 냄새가 날 것 같니? '보기'에 있는 단어 가운데 사진에 알맞은 것을 골라 봐.

A

보기

시끌벅적하다

음매 우는 소리

풀 냄새

정답: ⓐ 돌 떼내, ⓑ 응애 하수 주지, ⓒ 시장내장하다

4장
도시의 생활, 시골의 생활

도시에 살든, 시골에 살든 사람들은 비슷한 일을 할 수 있단다. 사람들은 저마다 운동을 하고, 자전거를 타고, 일을 하고, 학교에 가지.

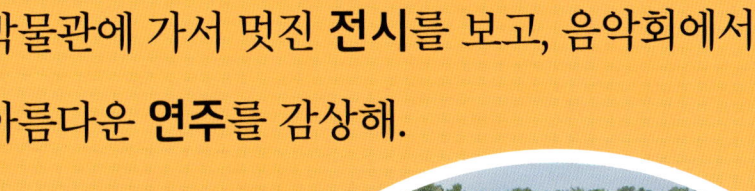

도시에 사는 사람도, 시골에 사는 사람도 박물관에 가서 멋진 **전시**를 보고, 음악회에서 아름다운 **연주**를 감상해.

도시와 시골 용어 풀이

전시: 주제에 맞는 여러 물건들을 사람들이 볼 수 있게 모아 두는 것.

연주: 악기를 켜거나 치는 등 소리를 내는 일.

도시에 사는 사람들은 취미로 **산책**을 하기도 해. **도시공원**의 길을 따라 천천히 걸으며 시원한 바람을 맞는 거야.

도시와 시골 용어 풀이

산책: 쉬거나 운동을 위해 천천히 걷는 일.

도시공원: 도시에서 자연을 돌보고 사람들이 쉴 수 있게 만든 공원.

Q 사람이 들어 올릴 수 있는 산은? A 흙산

쉬는 날이면 도시 사람들이 시골의 산을 찾아오기도 해. 산을 오르며 상쾌한 공기를 마시지.

시골에 사는 사람들은 울창한 숲속에 난 길을 따라 걷거나 산을 오르내리며 자연을 즐겨.

자동차가 많은 도시는 버스나 지하철 같은 **대중교통**으로 이동하기 편해. 멀리 갈 때는 **시외버스**를 탈 수도 있지. 물론 학교처럼 가까운 곳은 걷거나 자전거를 타면 돼.

도시와 시골 용어 풀이

대중교통: 여러 사람이 타는 버스, 지하철 등의 탈것.

시외버스: 도시에서 도시 바깥 지역까지 이동하는 버스.

시골은 대중교통이 많지 않아. 그래서 대개 자기 자동차를 타고 다녀. 아이들은 학교에서 마련한 통학 버스를 타고 학교에 가기도 해.

자, 이제 학교 갈 시간이야! 도시에 살든 시골에 살든 학생들은 비슷한 **과목**을 배워. 국어, 수학, 과학처럼 꼭 배워야 할 과목도 있고, 미술이나 음악처럼 상상력이 풍부해지는 수업도 있지.

그중에서도 체육 시간은 언제나 신나! 재미난 운동을 배우고 친구들과 뛰노는 건 늘 즐거워!

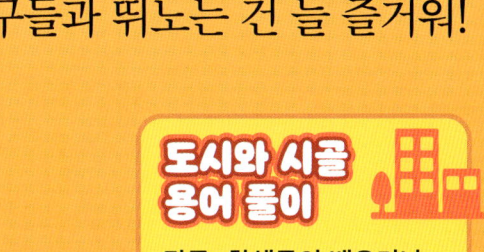

도시와 시골 용어 풀이

과목: 학생들이 배우거나 알아야 할 것을 주제에 따라 나눈 것.

어때? 도시와 시골에 대해 잘 알게 됐어?
어디에 살든 우리는 많은 것을
배우고, 즐겁게 놀고,
열심히 일하며 살아.

무엇보다 사랑하는 가족과 함께 편안한 집에서 쉬는 게 가장 행복하지. 집이 어디에 있든, 집만큼 좋은 곳은 없어!

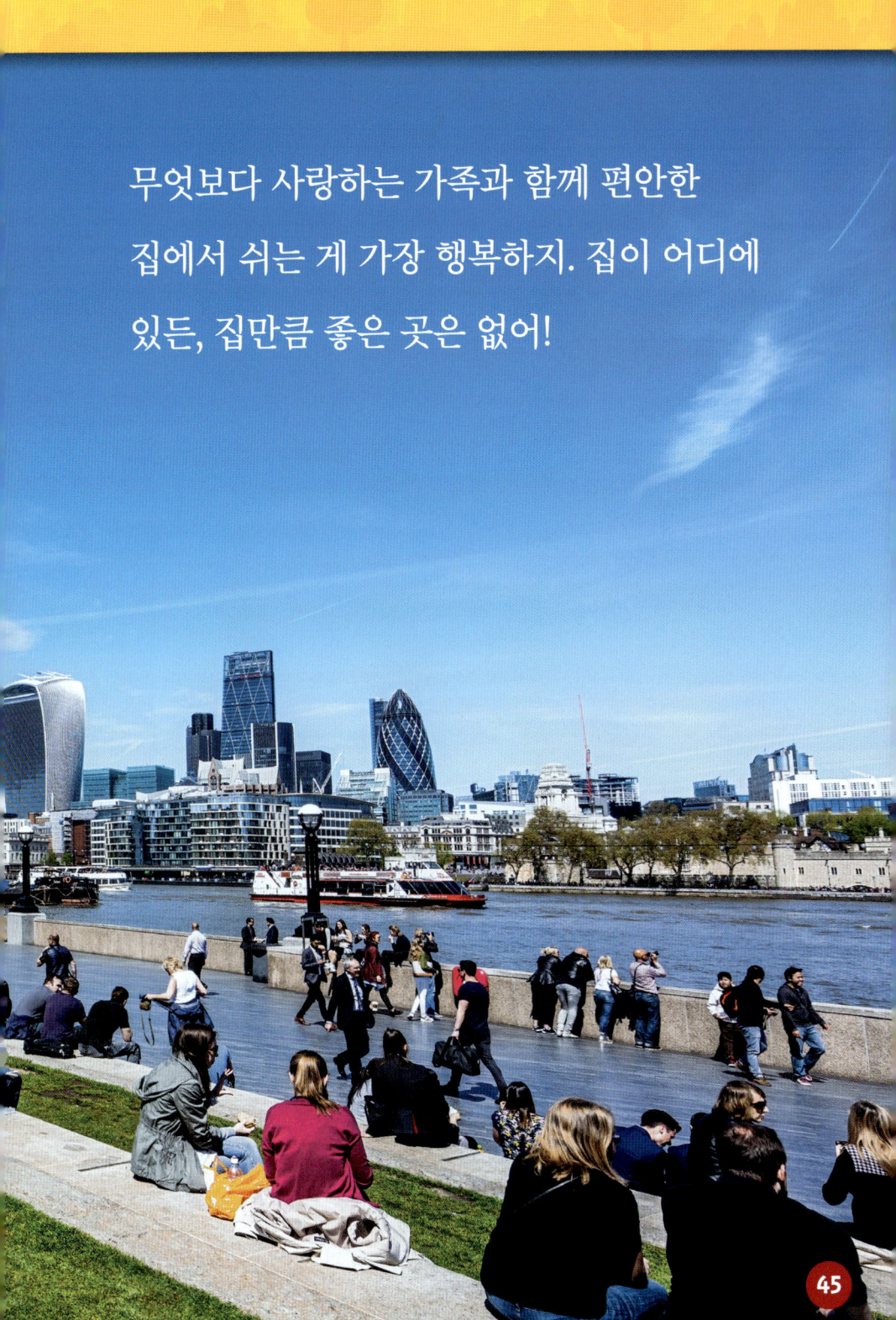

생각이 쑥쑥! 도시와 시골 탐구

도시와 시골에서 어떻게 시간을 보낼 수 있는지 생각해 봐. 그리고 사진들 가운데 도시에서 벗어나야 할 수 있는 일을 찾아보자.

촌락
주로 시골에서 농사를 짓거나 가축을 기르는 사람들이 모여 사는 곳.

연립 주택
여러 가족이 각자 살 수 있게 지은 집 가운데 아파트보다 층이 낮은 건물.

이 용어는 꼭 기억해!

기적
기차, 배 등이 다가오는 걸 알리는 큰 소리.

대중교통
여러 사람이 타는 버스, 지하철 등의 탈것.